科学到底是怎么回事儿

主编 曹外香

天津出版传媒集团
天津科学技术出版社

人的一生很漫长，但最关键的只有那么几步，中学阶段正是你成长的重要时期。作为一个中学生的你是什么样子的？你是不是喜欢嬉戏玩耍而害怕受拘束和禁锢？你是不是喜欢自己动手实验，而不喜欢埋首于枯燥的课本当中？你是不是喜欢天马行空的想象，而不喜欢大人给的条条框框？

是的，你一定是这样的学生。你一定像爱迪生一样爱思考；你一定像达尔文那样充满想象力；像司马光那样聪明机智；拥有毕加索那样的艺术天赋……其实，每一个学生都是天才，只是，在成长的过程中，这些才能没有被激发出来而已。

兴趣是最好的老师，它会引领着我们不断地追求新知识，为探索自然现象背后的奥秘提供不竭的动力。《科学到底是怎么回事儿》从我们经常接触到的自然现象和生活常识入手，精心设计了许多简单易行的小实验，深入浅出地将比较深奥的科学知识融入其中。希望本书能让你在体验科学神奇的同时，爱上科学，玩转科学。

神奇的热与力 ...001

乒乓球复原 ...003

"开水"中的鱼 ...006

水中魔力 ...009

如胶似漆的玻璃 ...012

能打结的水 ...014

碰撞的苹果 ...017

悬在空中的可乐 ...019

自制降落伞 ...022

拉不开的杂志 ...025

筷子提米 ...027

不安分的纽扣 ...032

不沉底的针 ...035

"吃"糖的牙签 ...038

手掌吊瓶子 ...041

把硬币吹进碗里 ... 044
大风吹不翻名片 ... 047
滴水不漏的漏斗 ... 049
砸不破的鸡蛋 ... 052
纸　桥 ... 057
蝴蝶飞飞 ... 060
塑料袋热气球 ... 063
吸水蜡烛 ... 066
吸管喷雾器 ... 069
被压扁的易拉罐 ... 071

变幻莫测的声与光 ... 073

会发出声音的绳子 ... 075
美丽的彩虹 ... 078
吹不出泡泡的肥皂水 ... 081
不能相遇 ... 084
会穿墙的玻璃球 ... 087
火眼金睛 ... 089
水里的光线会拐弯 ... 091
宣传单的呐喊 ... 093
音调高低的奥秘 ... 096

"搞怪"生物界 ... 099

喝水的葡萄干 ... 101
常绿西红柿 ... 104
切不断的纸 ... 107
神奇的水果抹布 ... 110
种子"杀手" ... 113
蹦蹦跳跳的黄豆 ... 116
蛋壳生根 ... 119

折磨折磨自己 ... 123

书写错误 ... 125
手臂变短 ... 127
脊椎变长 ... 130
换手做做看 ... 133
瓶中的气球 ... 136

神奇的热与力

瘪乒乓球能慢慢地鼓起来,鱼在开水中依然优哉游哉地游着,绣花针会浮在水面上……你见过这些有趣的现象吗?快来动手实验吧!

〈 神奇的热与力 〉

No.01 乒乓球复原

乒乓球瘪了，不能玩了，该怎么办呢？下面动手试试让它复原吧。

动手做

❶ 把瘪乒乓球放入玻璃杯中。

〈 神奇的热与力 〉

❷ 向杯中倒入沸水。

❸ 瘪乒乓球慢慢地鼓起来，变圆了。

< 神奇的热与力 >

原来如此

　　这个小实验运用了人们常说的热胀冷缩的原理。乒乓球里的空气受热膨胀，膨胀产生的挤压力使瘪乒乓球恢复到原来的形状。

⟨ 神奇的热与力 ⟩

No.02
"开水"中的鱼

普通的小鱼在"开水"中依然优哉游哉地游着,你见过这个现象吗?

动手做

① 在试管内注入九分满的水。把小鱼从鱼缸中捞出,放入试管。

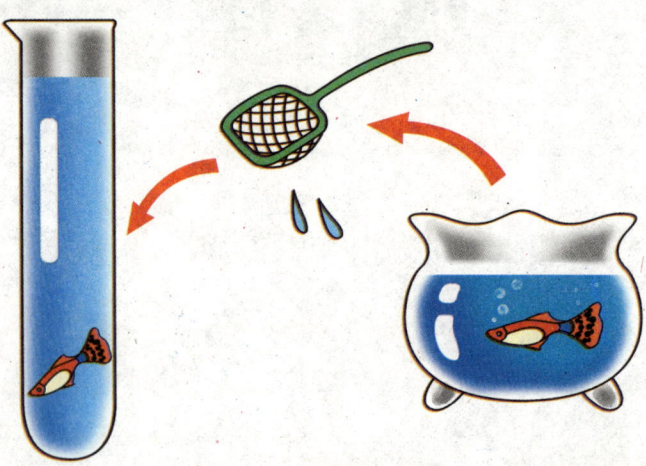

< 神奇的热与力 >

❷ 用试管夹夹住试管，以口朝上的方式倾斜。点燃蜡烛，加热试管上方的水。

❸ 过一会儿，试管里的水开了，传出了水开的声音，并可以看到水蒸气。而试管底部的小鱼却丝毫没有受到干扰，依然轻松自在地游着。

< 神奇的热与力 >

原来如此

水在加热后会自然往上升,而不会向下流。因此,试管上方的水虽然沸腾了,却不至于影响下方的水。因而,试管底部的小鱼能不受任何干扰,自由自在地游着。

〈 神奇的热与力 〉

No.03
水中魔力

一盆水也可以向你展示魔力！

动手做

① 把塑料袋套在手上。

< 神奇的热与力 >

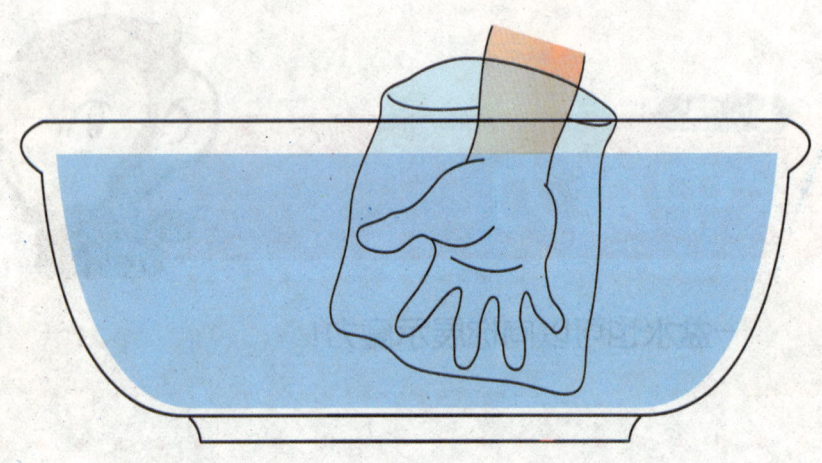

❷ 在盆中加入水,然后把手连同塑料袋一起放入盆中,注意袋口不要没入水中,防止塑料袋内进水。

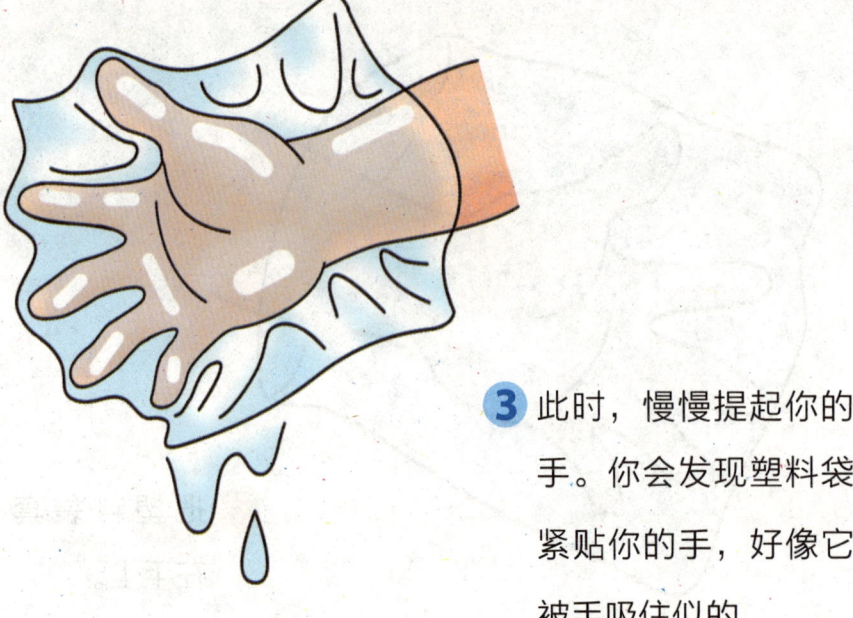

❸ 此时,慢慢提起你的手。你会发现塑料袋紧贴你的手,好像它被手吸住似的。

< 神奇的热与力 >

原来如此

水中不仅有浮力，而且还有压力。塑料袋里面有许多空气，由于水压的压迫，塑料袋内部的空气被迫收缩。因此，你就会感到塑料袋紧紧贴着你的手。

〈 神奇的热与力 〉

No.04 如胶似漆的玻璃

玻璃很容易碎，如果要搬走大块玻璃，你有什么比较安全的好办法吗？

动手做

1. 在一片玻璃上滴几滴水，把另一块玻璃盖上去。

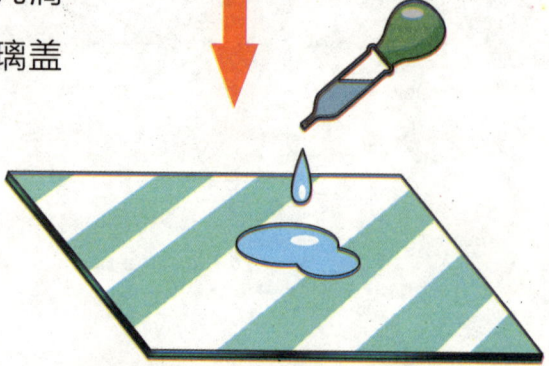

< 神奇的热与力 >

❷ 试试把两块玻璃分开,你需要费好大的力气才能达到目的。

原来如此

玻璃之所以紧紧地粘在一起,是因为玻璃分子与水分子之间存在着附着力。附着力是存在于不同物质分子之间的一种强大的吸引力。在这个力的作用下,两片玻璃牢牢地粘在一起,难以分开。

⟨ 神奇的热与力 ⟩

No.05
能打结的水

水能打结，多么奇怪的事啊！有可能发生吗？当然！只要我们多去了解一些科学原理，就能明白其中的奥秘。

动手做

1. 在纸杯杯底上弄两个洞，距离不可太远。

〈 神奇的热与力 〉

❷ 将杯子拿起来，请你的朋友朝杯中缓缓地注入水。

❸ 用手指把流出来的两道水柱轻轻一扭，便成了一道水柱。

< 神奇的热与力 >

原来如此

在这个小实验中,水的表面张力是水能打结的关键。因为表面张力使得水柱的面积缩小,借手指做桥梁,便能轻易地将很接近的两道水柱连接成一道大水柱。这样,在我们眼中,水就会打结了。

〈 神奇的热与力 〉

No.06
碰撞的苹果

两个分别悬挂着的苹果，距离也不算近，且保持静止，如果不动手，怎么才能使两个苹果打起架来呢？

动手做

① 用两根细绳分别将两个苹果悬挂起来，距离不要太远。

<神奇的热与力>

❷ 在两个苹果之间用力吹气,苹果就会动起来并发生碰撞。

原来如此

苹果周围充满了空气。对着苹果之间吹气后,苹果中间的气压会在短时间内降低,且与苹果两旁的空气产生压力差。苹果两旁的空气就会挤压苹果,使它们打架。

〈 神奇的热与力 〉

No.07
悬在空中的可乐

不要堵住吸管的下端，你有办法让吸管中的可乐不下落吗？

动手做

① 把吸管插入可乐中，把可乐吸到吸管中。

< 神奇的热与力 >

❷ 用一个手指堵住放在口中的吸管上端开口,然后把吸管从可乐中拿出来。你会发现,可乐并没有从吸管中流下来,而是悬在吸管中。

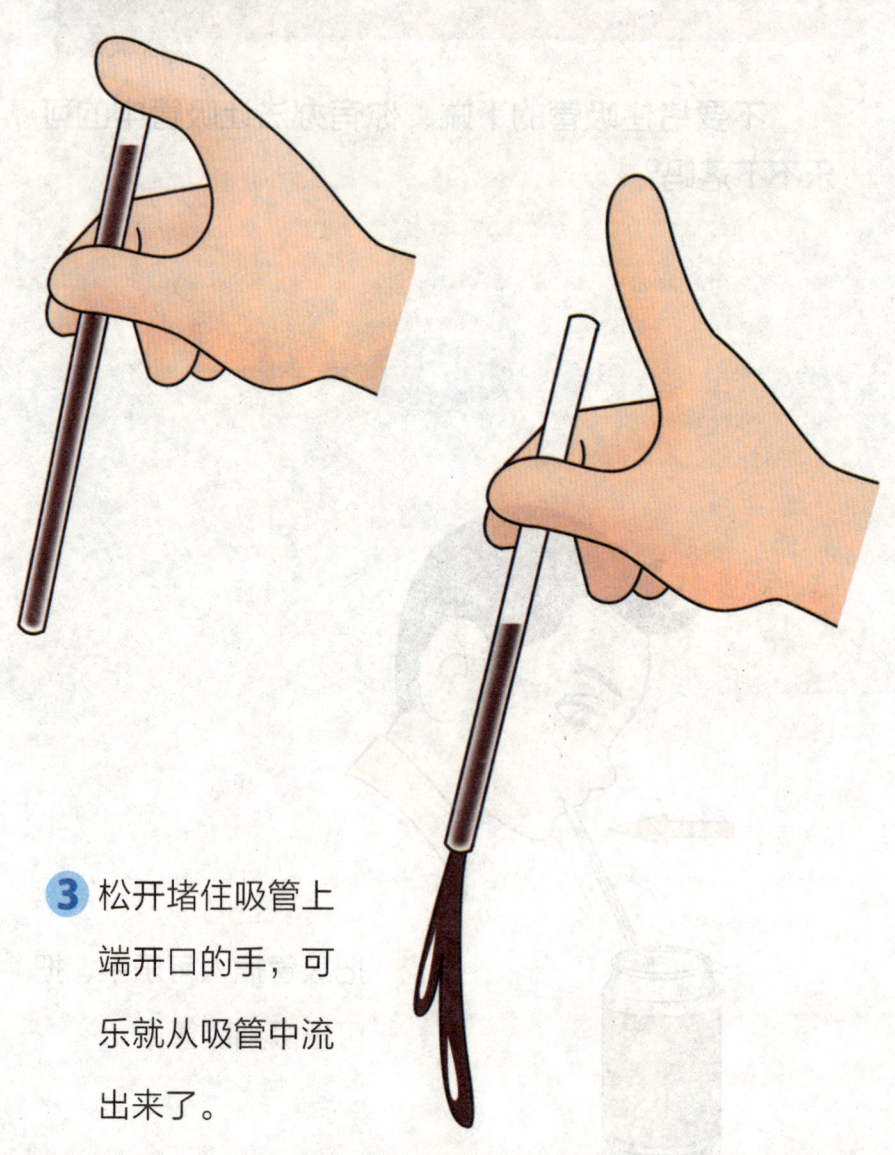

❸ 松开堵住吸管上端开口的手,可乐就从吸管中流出来了。

< 神奇的热与力 >

用手堵住吸管上端开口,吸管中的可乐被吸管下端的大气压力托住了,所以可乐不会从吸管中流出来。而松开堵在上端开口的手指后,吸管中的可乐因为受到重力的作用,就会落下来。

< 神奇的热与力 >

No.08 自制降落伞

让我们制作一个小降落伞,来看看降落员是怎样从飞机上安全降落到地面上的。

动手做

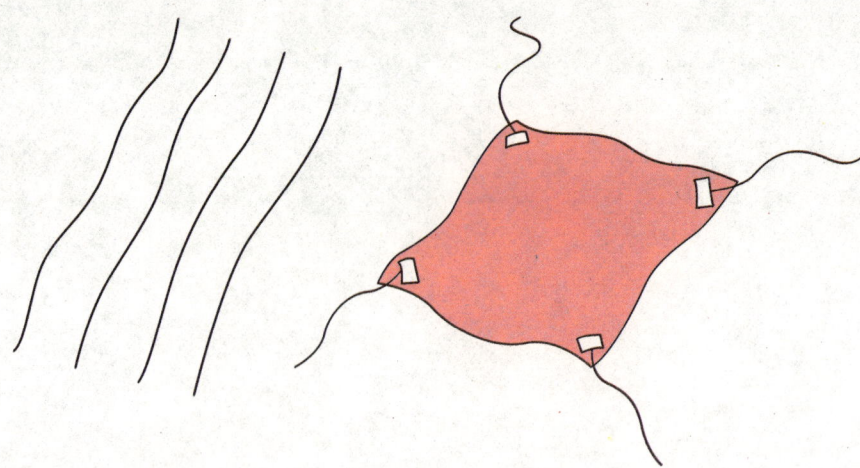

① 把细线剪成4根一样长的线,然后在手帕的4个角上用胶带分别粘好每一根细线。

< 神奇的热与力 >

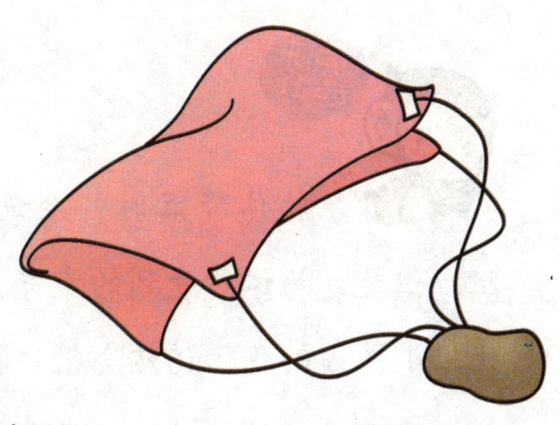

❷ 把4根线集中在一起,用胶带粘好,然后在上面粘一小块橡皮泥,当成小降落员。小降落伞就做好了。

❸ 把做好的降落伞扔向空中,可以看到手帕逐渐展开,降落伞慢慢降落到地面上。

< 神奇的热与力 >

原来如此

物体降落时，会遇到空气阻力的拦阻。但是，物体所受到的空气阻力一般情况下都比较小，因而物体仍然会很快掉到地面上。而降落伞张开的时候，面积非常大，因而就有大面积的空气去推阻它，所以它就会慢慢地降落到地面上。

⟨ 神奇的热与力 ⟩

No.09
拉不开的杂志

虽然没有用胶水粘起来，两本杂志却紧密地黏合在一起。

① 准备两本尺寸和页数都差不多的杂志。

② 将两本杂志每隔两三页互相交叉叠在一起。

< 神奇的热与力 >

3 试着将杂志沿水平方向拉开，可就是拉不开。

> 原来如此

大气压力会使纸和纸紧贴在一起。纸和纸之间还有摩擦力，虽然每两张纸之间的摩擦力并不大，但整本杂志的纸张之间所产生的摩擦力却很大。

⟨ 神奇的热与力 ⟩

No.10
筷子提米

一根筷子就可以提起满满的一大瓶米，想知道是怎么回事吗？动手试试吧。

动手做

1. 选择一个瓶口较窄的玻璃瓶，在其中装满米。

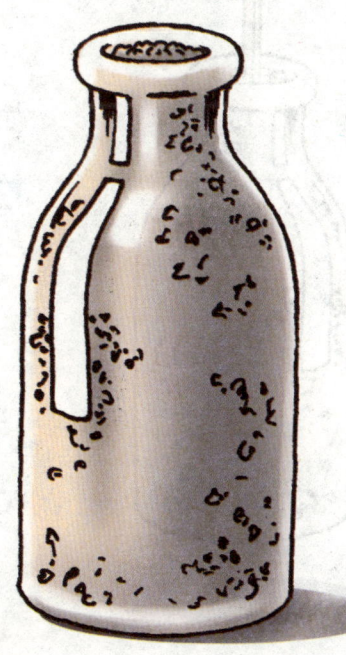

< 神奇的热与力 >

② 将一根筷子插入瓶子底部，同时把瓶口处的米用力压一压。

③ 提起筷子，会发现它不但不会被抽出来，还能把装了米的瓶子一起提起来。（请在瓶子下方垫块毛巾，以防瓶子意外掉落摔碎。）

< 神奇的热与力 >

原来如此

由于米在瓶内被挤压得很紧，筷子便和米粒产生了很大的摩擦力。按照上述操作，筷子不但不会被抽出来，还能把装了米的瓶子一起提起来。

< 神奇的热与力 >

无处不在的作用力和反作用力

用力捶几下桌子，就会听到桌子发出"咚咚"响声，但同时你的手也会感到疼。在这种情况下，人对桌子施加了力的作用，但同时桌子对人也施加了力的作用，使人受到伤害。可见，两个物体间力的作用是相互的。力总是成对出现，并且是同时出现的。如甲物体对乙物体有力的作用，那么乙物体对甲物体也一定有力的作用，这就是作用力与反作用力。

值得我们注意的有两点：一是作用力和反作用力总是大小相等、方向相反、在同一直线上，同时存在，同时消失，但是作用力和反作用力分别作用在两个不同的物体上，所以是不可能相互抵消的；二是作用力和反作用力属于同一性质的力，如果一个力是弹力，另一个力

< 神奇的热与力 >

也必定是弹力。两者没有本质的区别，也不能说哪个力是起因，哪个力是结果，两个力中的任何一个都可以被看成是作用力，另一个力相对来说就成了反作用力。

那么，当A物体对B物体施加力的作用时，A就是施力物，B就是受力物。根据定义，当A物体对B物体施加力的作用时，A同时也会受到B对它的作用力，这时候B是施力物，A是受力物。如果我们把A对B的力叫做作用力，那么B对A的力就叫做反作用力。反过来，如果我们把B对A的力叫做作用力，则A对B的力就叫做反作用力。

作用力与反作用力在生活、生产和科学技术中应用非常广泛。人能够游泳，轮船的螺旋桨和气垫船的工作都与作用力和反作用力原理有关。发射探测仪、人造卫星、宇宙飞船的火箭，在燃料被点燃后喷出高温高压的气体，喷出的气体同时给它一个反作用力，推动火箭前进。

⟨ 神奇的热与力 ⟩

No.11 不安分的纽扣

把一粒纽扣放在杯中的汽水里面，纽扣为什么会沉沉浮浮呢？

动手做

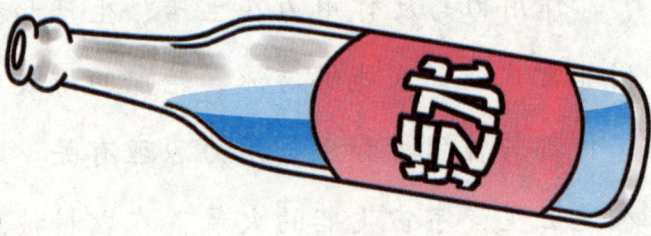

① 往玻璃杯里注入汽水，不要装得太满。

〈 神奇的热与力 〉

❷ 把纽扣扔到玻璃杯里，此时，可以看到纽扣周围出现了许多小泡泡。

❸ 纽扣慢慢上升到水面上。

< 神奇的热与力 >

原来如此

纽扣之所以不会安心地沉在水底，是二氧化碳在耍把戏。汽水置于空气中时，会产生大量的气泡，产生气泡的气体就是二氧化碳。泡泡粘在纽扣上，使纽扣有了足够的上升力，纽扣就能够上浮到水面上。

〈 神奇的热与力 〉

No.12
不沉底的针

把绣花针放入水中会出现什么现象呢？可能你的直觉告诉你针会沉入水中，其实也有例外哦！

动手做

1 在玻璃杯中注满水。

< 神奇的热与力 >

❷ 用滴管吸入一定量的水,然后小心地慢慢向杯中加水。注意不要让水溢出杯外。从侧面观察杯中水的上表面,可以发现水的表面呈弧形。

❸ 把绣花针轻轻地放在杯子水面的中央处,发现绣花针漂浮在水面上,而没有沉入水底。

< 神奇的热与力 >

水具有表面张力,所以我们看到它呈弧形。在不破坏水表面张力的时候,水有足够的力量托住绣花针,因此绣花针会浮在水面上,而不会沉到水底下。

⟨ 神奇的热与力 ⟩

No.13 "吃"糖的牙签

当面临是要糖还是要肥皂块的选择时,牙签会自己动起来,挑选喜欢的糖块。你相信吗?

动手做

① 在碗中的水面上把牙签放成一圈,全部尖头朝内。

< 神奇的热与力 >

2 把糖块放在圆圈中央，观察牙签的动静，你会发现牙签慢慢向糖块聚拢。

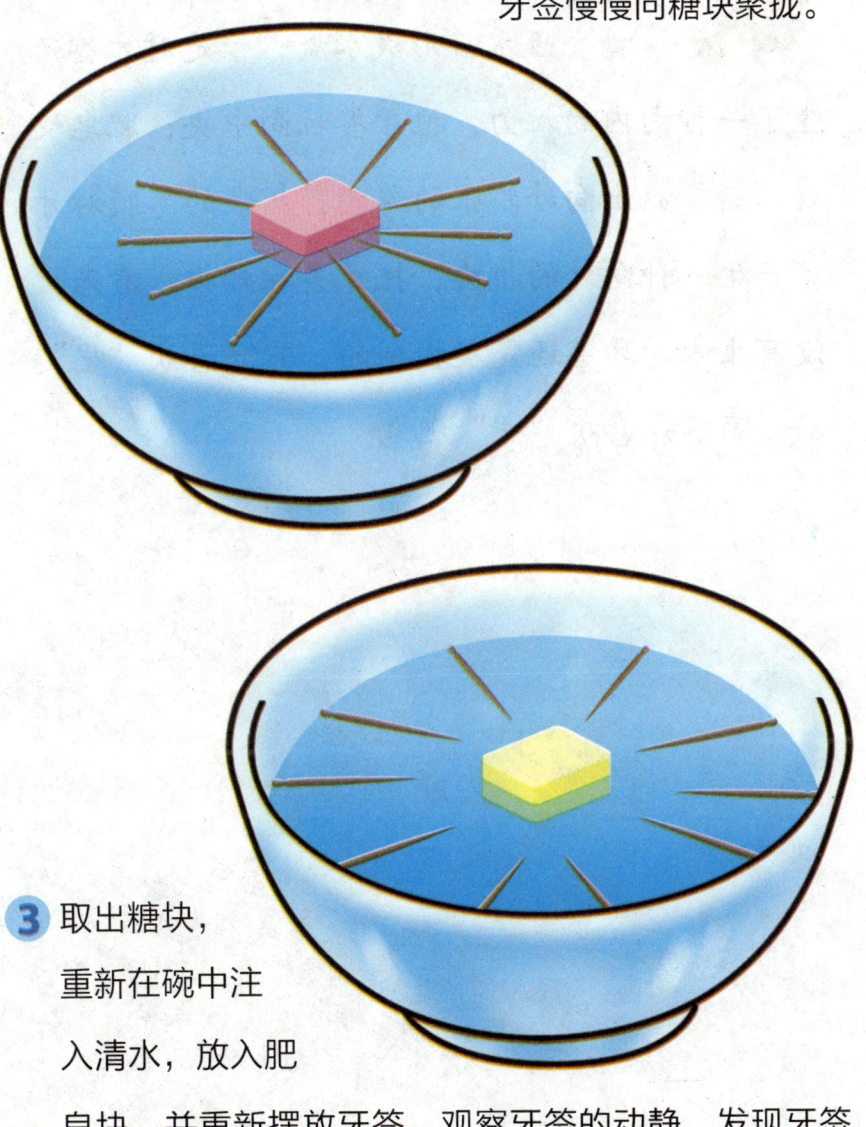

3 取出糖块，重新在碗中注入清水，放入肥皂块，并重新摆放牙签，观察牙签的动静，发现牙签慢慢远离肥皂。

〈 神奇的热与力 〉

原来如此

糖会吸水，形成水流，于是对牙签产生了一种向内的拉力，把牙签拉向中央；肥皂块则不断释放出向外扩张的薄膜，扩散的薄膜对牙签产生一种向外的推力，把牙签往外推。看来，没有生命的牙签还是挺挑剔的，它只喜欢"吃"糖，而不是喜欢"吃"肥皂。

〈 神奇的热与力 〉

No.14 手掌吊瓶子

手掌可以吸附重重的玻璃瓶，不会让它掉下去。

动手做

① 往装果酱或牛奶的空玻璃瓶中加入少量热水，摇一摇。

〈 神奇的热与力 〉

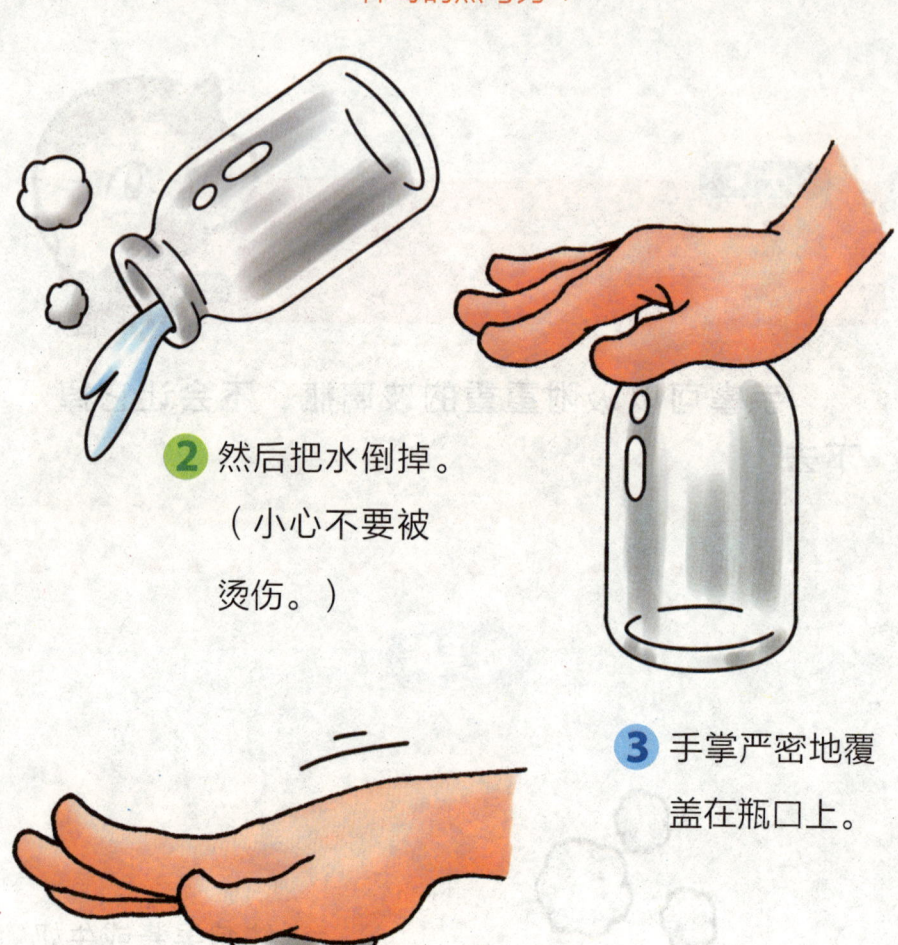

❷ 然后把水倒掉。（小心不要被烫伤。）

❸ 手掌严密地覆盖在瓶口上。

❹ 等瓶子冷却后抬起手掌，瓶子就会被吸起来，就算手掌晃动，瓶子也不会掉下去。

< 神奇的热与力 >

原来如此

　　注入热水又倒掉的瓶子里充满了水蒸气，瓶内的空气会被排出。随着瓶子的冷却，密闭的瓶子中的水蒸气凝结成水，使瓶内的气压变小。而瓶外的气压较大，所以瓶子就被轻易地压在手掌上了。

　　这个现象看起来好像是瓶子被吸起来了，其实瓶子是被压在了手掌上。

〈 神奇的热与力 〉

No.15
把硬币吹进碗里

多多尝试，调整吹气的力度，硬币便会随你心意飞入碗中。

动手做

① 在桌上放一个比较浅的碗，然后在距碗约20厘米远的地方，放一枚1分硬币。

〈 神奇的热与力 〉

❷ 对着碗，在硬币上方沿着与桌面平行的方向用力吹气。

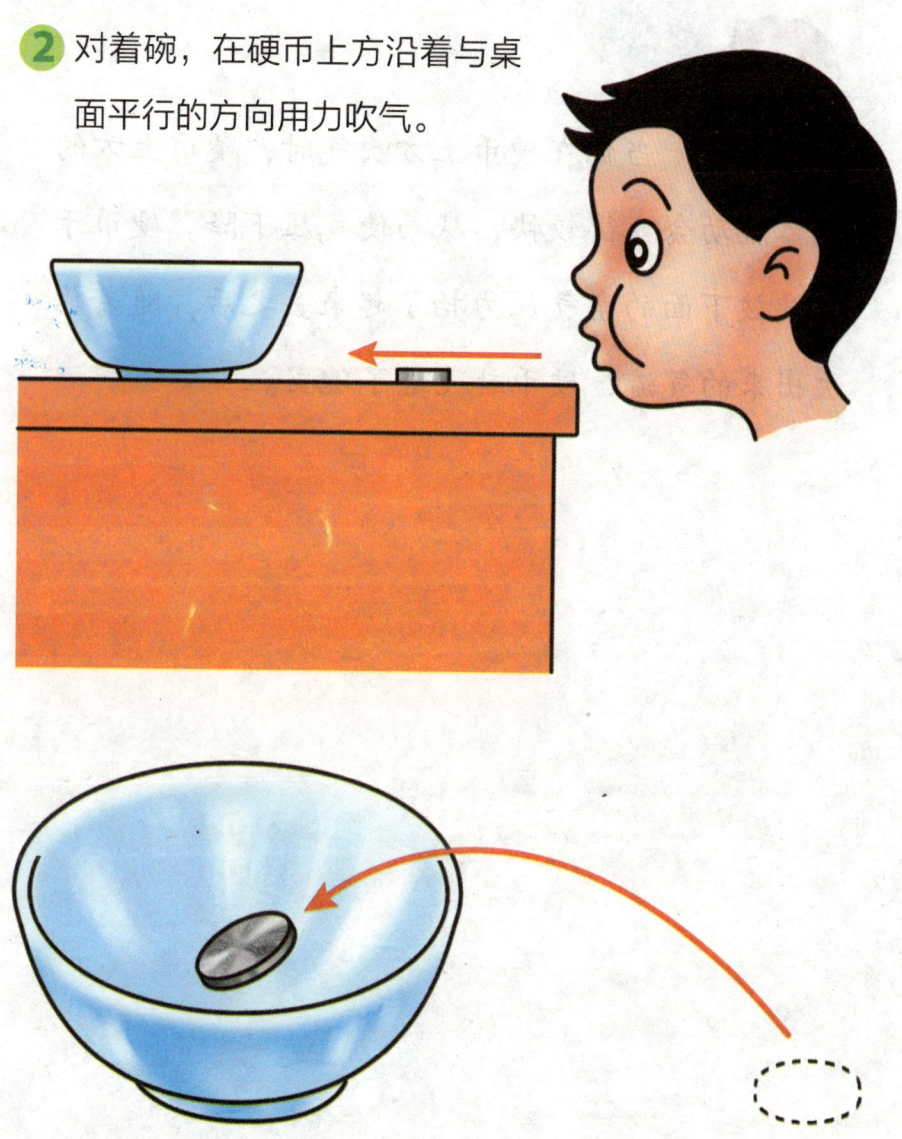

❸ 虽然只是在硬币上方吹气，但硬币却像会跳舞一般，飞进碗里。

< 神奇的热与力 >

原来如此

当你在硬币上方吹气时,硬币上方的气体流动会变得较快,从而使气压下降。硬币于是就被下面的空气压力抬了起来。之后,随着你吹出来的气流,硬币就飞进了碗里。

〈 神奇的热与力 〉

No.16
大风吹不翻名片

名片又轻又薄，但你就是吹不翻。

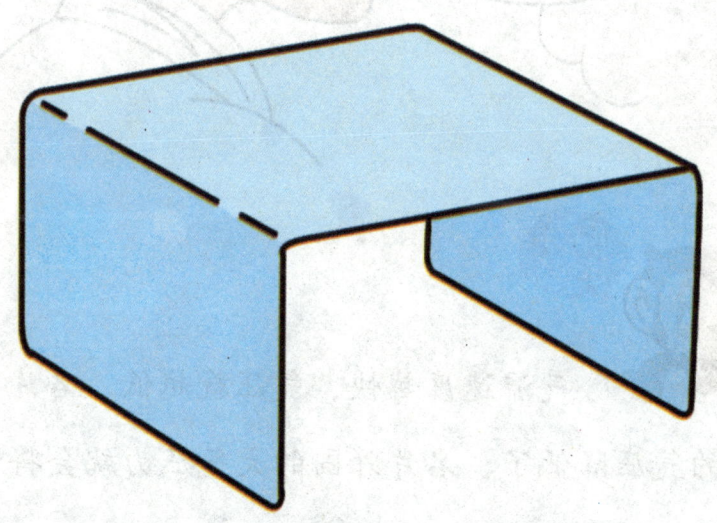

① 把名片折成像订书钉的样子（也就是"n"的形状），放在桌子上。

〈 神奇的热与力 〉

❷ 近距离对着下方的开口吹气,不管你怎么用力,名片就像被粘在桌子上一样无法翻动。

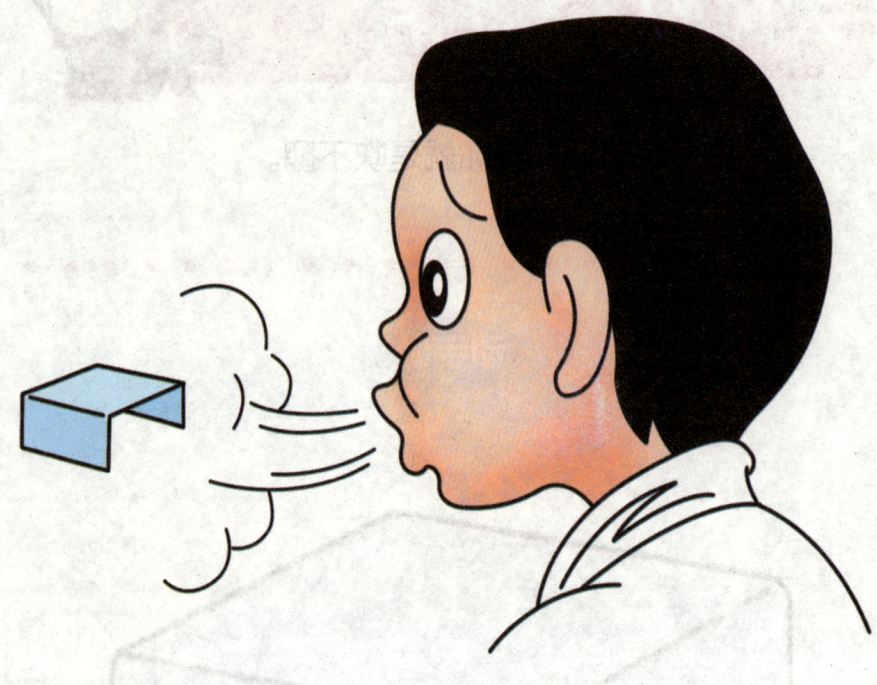

原来如此

气流速度越快,气压就越低。名片下方的气压降低了,名片外围的大气压力就会将它紧紧地压住,因此就无法吹翻它了。

< 神奇的热与力 >

No.17
滴水不漏的漏斗

漏斗的导流口明明没封住,水却不会漏出来。

动手做

① 将挂历纸等比较硬的纸卷成上口径3厘米左右的圆锥,做成漏斗,在接缝处用透明胶带固定。(漏斗的导流口不要开得太大,否则无法成功。)

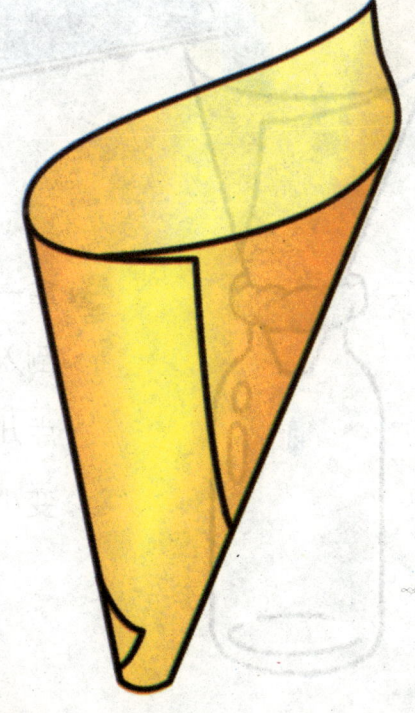

< 神奇的热与力 >

❷ 准备一个空瓶子，用浸湿的面巾纸把瓶口堵起来，再稍微用力将漏斗塞入，注意不要留有缝隙。

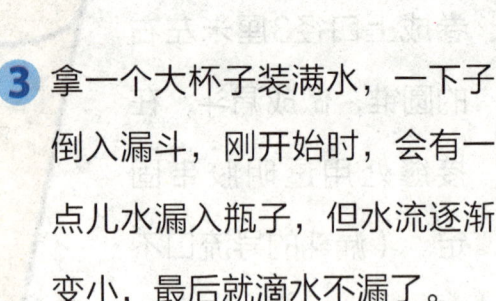

❸ 拿一个大杯子装满水，一下子倒入漏斗，刚开始时，会有一点儿水漏入瓶子，但水流逐渐变小，最后就滴水不漏了。

< 神奇的热与力 >

原来如此

除了漏斗下面的导流口，瓶子的其他部分都处于密闭状态。当大量的水一下子倒入瓶中时，瓶子中的空气就会受到挤压。随着水的继续流入，瓶中的气压会进一步增大，直到足以将导流口处下漏的水顶回去。同时，导流口的水的表面张力也在不断增加，因此水就被堵在导流口，无法下漏。

〈 神奇的热与力 〉

No.18
砸不破的鸡蛋

把蛋壳开口向上放置在瓶口,铅笔便会顺利地穿透它落入瓶中。

动手做

① 将蛋壳开口向下扣在玻璃瓶上,随后拿一根铅笔,从10厘米左右的高度竖直向下自由落到蛋壳上。

〈 神奇的热与力 〉

2 这时会发现蛋壳完好无损,铅笔被弹落在一边。

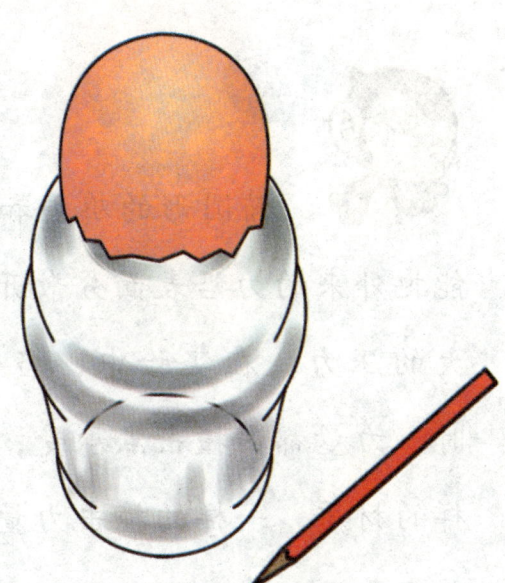

3 将蛋壳开口向上放置在瓶口上,重复之前的操作。

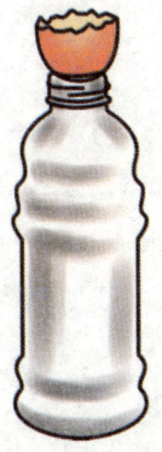

4 蛋壳被砸破了,铅笔落入瓶中。

〈 神奇的热与力 〉

原来如此

　　椭圆形的鸡蛋和凸面向上的蛋壳，能把外来的力沿表面分散开，因此可以承受较大的压力。在实验中，当铅笔撞击蛋壳凹处时，力量都由撞击点承受，所以容易撞破。一样的材质，一样的撞击力量，角度不同，效果就完全不一样。

〈 神奇的热与力 〉

蛋壳结构的实际应用

在日常生活中，我们发现很多拱形桥梁不但造型美观，而且非常坚固，能承受很大的压力，为什么拱顶没有被压坏呢？

这是因为拱形桥梁的形状为圆弧形。它具有把所加的力量均匀分散开的特点。

因此，当给予相同的压力时，能够分散压力的拱形桥梁比直线桥梁更为坚固。

例如我国的赵州桥，它是一座世界著名的古代大石拱桥，已经有约1400年的历史。这座桥是隋朝的石匠李春设计和参与建造的，整座桥长50多米，有9米多宽，中间行车马，两旁走人。这么长的桥，全部用石头砌

> 神奇的热与力

成，下面没有桥墩，只有一个拱形的大桥洞，横跨在37米多宽的河面上。在大拱的两肩，各砌了两个并列的小拱，一方面减轻桥身重量，减少桥面的负荷；另一方面在发大水的时候，河水除了从大桥洞流过外，还可以从4个小洞流过，以减弱流水对桥身的冲击力，使桥不易被大水冲毁。

隧道呈拱形也是这个道理。

⟨ 神奇的热与力 ⟩

No.19 纸 桥

用一张纸就可以搭起一座桥梁，其中有什么奥妙呢？

动手做

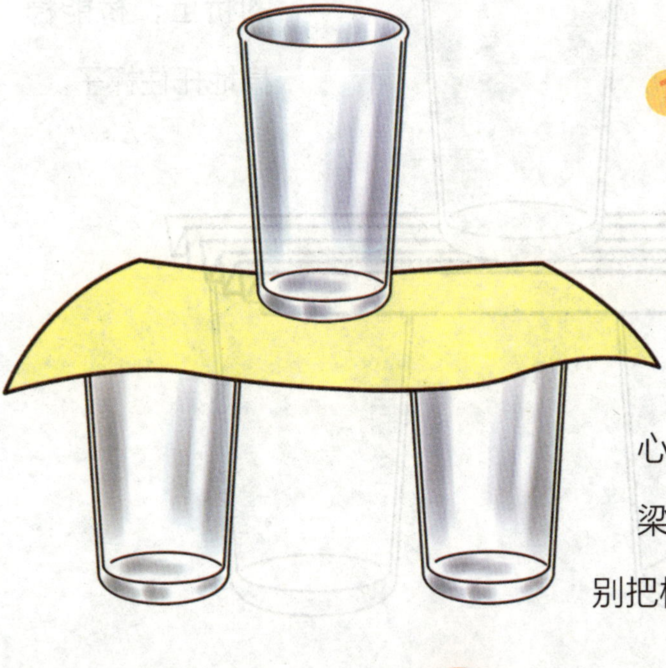

1 在两只杯子中间放一张纸，再在纸上放第三只杯子。小心，此时的"桥梁"尚不坚固，别把杯子摔碎了。

< 神奇的热与力 >

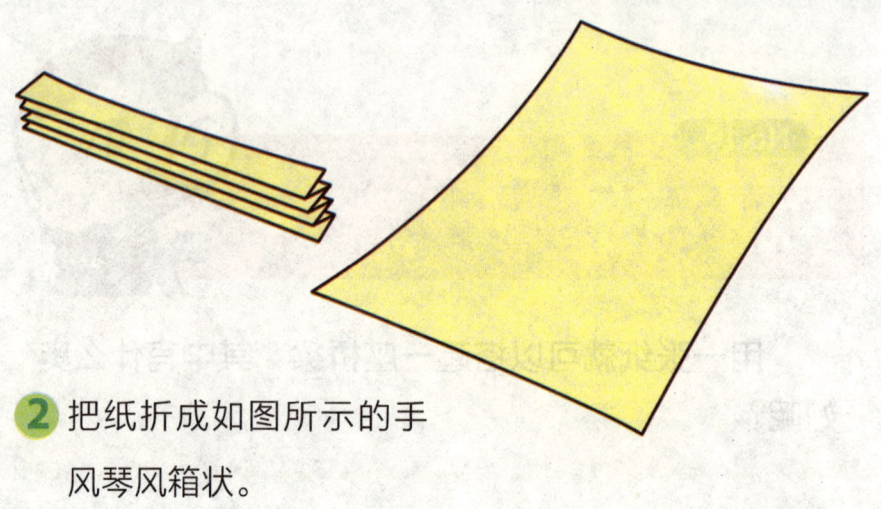

② 把纸折成如图所示的手风琴风箱状。

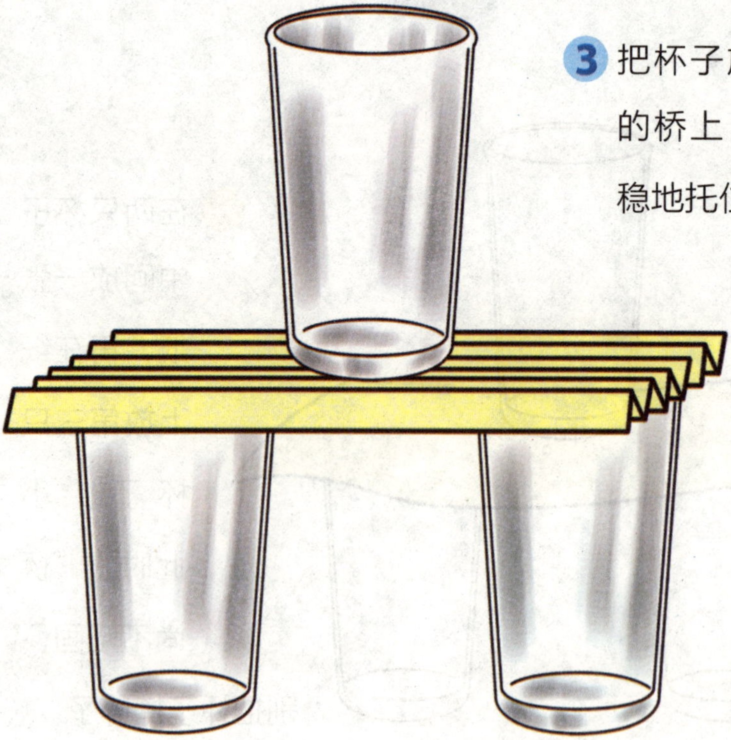

③ 把杯子放在新搭的桥上,桥能稳稳地托住杯子。

〈 神奇的热与力 〉

原来如此

当纸张被折叠起来后,它表面上承载的力就被均匀地传递到整张纸的表面,折叠后纸张本身的抗压性能也得到了提升,承受一个水杯对它来说就是轻而易举的事情了。

⟨ 神奇的热与力 ⟩

No.20 蝴蝶飞飞

在塑料袋上剪下来的蝴蝶，可以在塑料垫上翩翩起舞。

动手做

1. 从塑料袋上剪下形状与蝴蝶相似的一块塑料片。

〈 神奇的热与力 〉

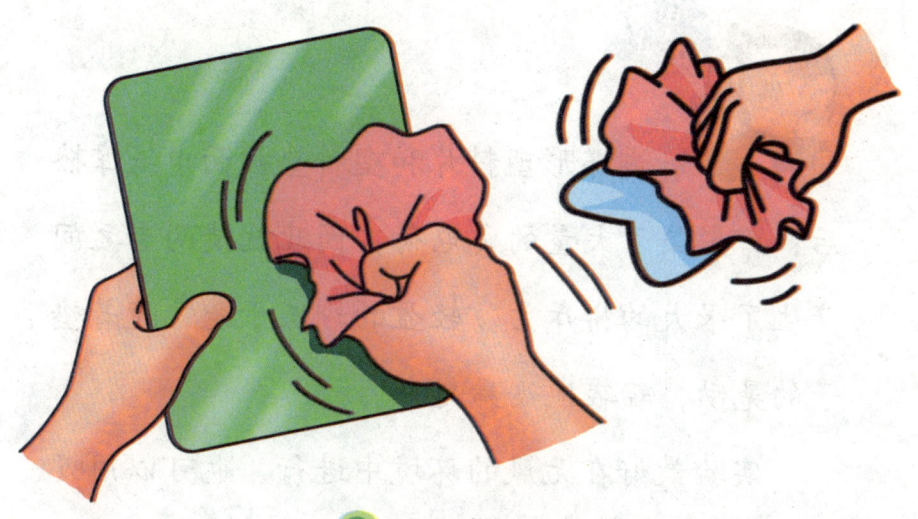

❷ 用面巾纸充分摩擦蝴蝶和塑料垫。

❸ 把蝴蝶放在半空中,在它下面拿着塑料垫轻轻晃动,蝴蝶就会在空中飞舞起来。

神奇的热与力

蝴蝶形塑料片和塑料垫被面巾纸摩擦后,都聚集了大量的负电荷,因此就使两者之间产生了很大的排斥力。轻盈的蝴蝶于是就随着垫子的晃动,轻轻地飞舞起来。

实验最好在无风的环境中进行,也可以用吸管代替塑料垫,用面巾纸充分摩擦之后,放在蝴蝶下面,它也会飞舞起来。

〈 神奇的热与力 〉

No.21 塑料袋热气球

充气后的黑色垃圾袋，在太阳光的照射下，会像气球一样飞上天。

动手做

1. 用手将黑色的大垃圾袋袋口收拢并抓紧，用吹风机往里吹热风，使袋子膨胀起来。

< 神奇的热与力 >

② 收紧袋口，用胶带固定，用一根长线牢牢地绑住。

③ 拿到屋外，黑色的垃圾袋在阳光的照射下，慢慢上升。（最好选择没有风的广场，比较容易成功。）

〈 神奇的热与力 〉

原来如此

黑色的垃圾袋很容易吸收太阳光的热，袋里的空气因温度上升而膨胀。袋里的空气膨胀之后密度就变小了，膨胀的袋子因为体积变大，受到的空气浮力则跟着变大，袋子自然就会往上升了。

⟨ 神奇的热与力 ⟩

No.22 吸水蜡烛

盘子里的水,一转眼就被吸到杯子里去了。

动手做

1. 准备一个浅浅的盘子和一个玻璃杯,把蜡烛固定在盘子中央。

〈 神奇的热与力 〉

2 在盘中注满水，点燃蜡烛。

3 用杯子罩住蜡烛，在蜡烛熄灭的瞬间，盘子中的水就会被吸到杯子里去。（在水中滴入一滴墨水可以让实验效果更加显著。）

神奇的热与力

原来如此

蜡烛燃烧会使杯子里的空气变热，热空气膨胀就会溢出杯外。接着，杯中的氧气用尽，蜡烛熄灭，之后杯内空气冷却，气压下降。同时，燃烧所产生的二氧化碳溶于水，也会使杯中的气压下降。于是，杯外的气压高于杯内，水便被压入了杯中。

〈 神奇的热与力 〉

No.23 吸管喷雾器

将长吸管和短吸管摆成直角,从长吸管的一端吹气,便能吹出好看的水雾。

动手做

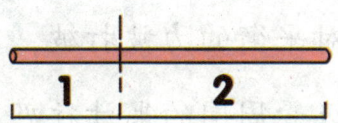

① 倒一杯果汁,然后用剪刀将一根吸管按1:2的比例剪开。

② 把果汁平放在桌面上,将短吸管插进果汁中,长吸管与短吸管摆成直角。

〈 神奇的热与力 〉

3 用力在长吸管一端吹气，就可以看到它的前端出现了水雾。

原来如此

这个实验运用了"伯努利原理"，简言之就是：气流流速快的地方，气压会下降。从长吸管吹气时，短吸管上方的空气流速加快，同时，此处的气压也下降。于是吸管上方的气压与瓶中果汁所受的大气压这一对平衡的力被打破，果汁表面的大气压力就把短吸管周围的果汁往吸管里吸，直到喷出吸管。喷出来的果汁又被长吸管吹出来的气流吹散，就形成了水雾。

〈 神奇的热与力 〉

No.24 被压扁的易拉罐

易拉罐被加热之后，用冷水冷却，不但会发出巨大的声音，易拉罐还会被挤扁。

动手做

1 在空易拉罐里加入一大勺水，然后在拉环处插入一根筷子固定好，做成把手。

< 神奇的热与力 >

❷ 握住把手把易拉罐放在燃气灶或者酒精灯上加热20秒，此时易拉罐中的水就差不多沸腾了，会喷出很烫的热气。

❸ 把易拉罐口朝下放到事先准备好的冷水里，易拉罐会放出巨大的"啪啪"声，同时慢慢变扁。

原来如此

当易拉罐被加热时，罐内的水变成水蒸气，并将瓶中的空气挤出。此时，把易拉罐倒扣入水中，罐体内的水蒸气遇冷而凝结成水珠，体积大大缩小，罐内处于一种接近真空的状态。在大气压的压迫下，瓶罐就会慢慢变扁。

变幻莫测的声与光

绳子怎么会发出声音？用手电筒和水可以制造出美丽的彩虹？肥皂水为什么吹不出泡泡呢？自己动手试试吧！

⟨ 变幻莫测的声与光 ⟩

No.25 会发出声音的绳子

动物和人会发出声音，汽车、电视会发出声音。可是，你知道绳子也会发出声音吗？

动手做

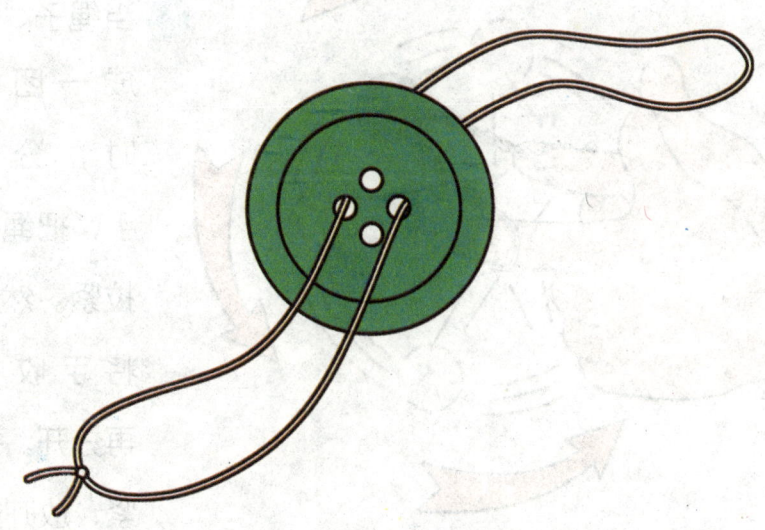

① 把绳子穿过纽扣孔，在末端打结。把纽扣放在绳子中央。

< 变幻莫测的声与光 >

② 把纽扣两端的绳子,各套在两只手的食指上。转动纽扣几次,向着你或者往外转皆可,但要保持同一方向。

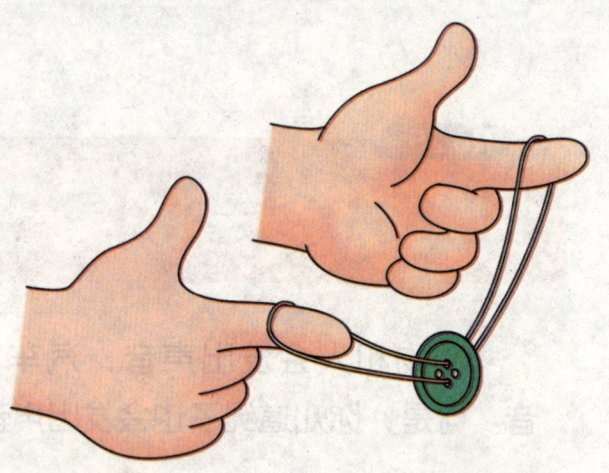

③ 当绳子"绕成一团"时,分开手,把绳子拉紧。然后将手收拢再分开。拉紧、放开交替进行,直到绳子解开为止。

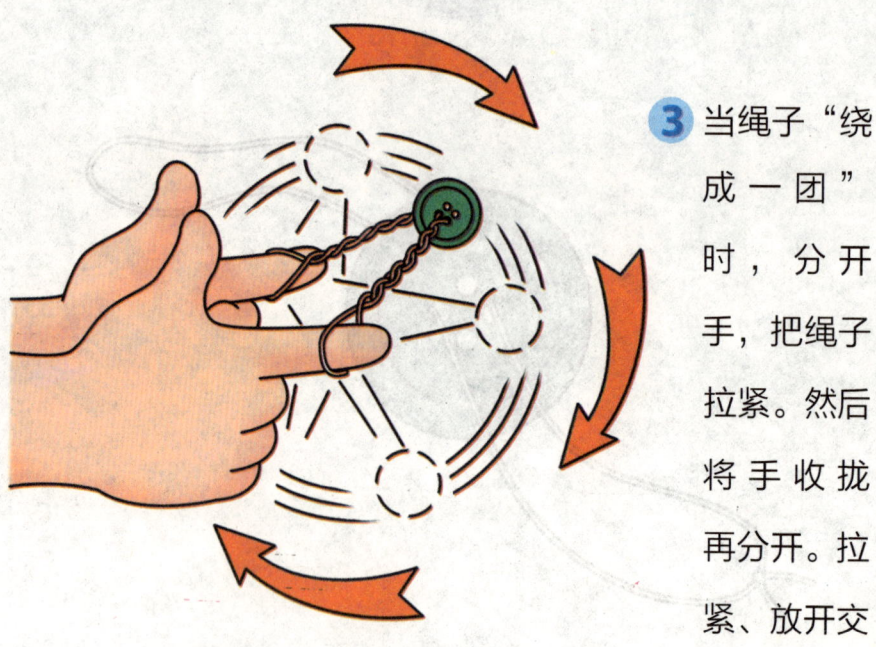

〈 变幻莫测的声与光 〉

4 纽扣转得很快,并会扭转到相反方向。在这个过程中你会听到"嗡嗡"的声音。

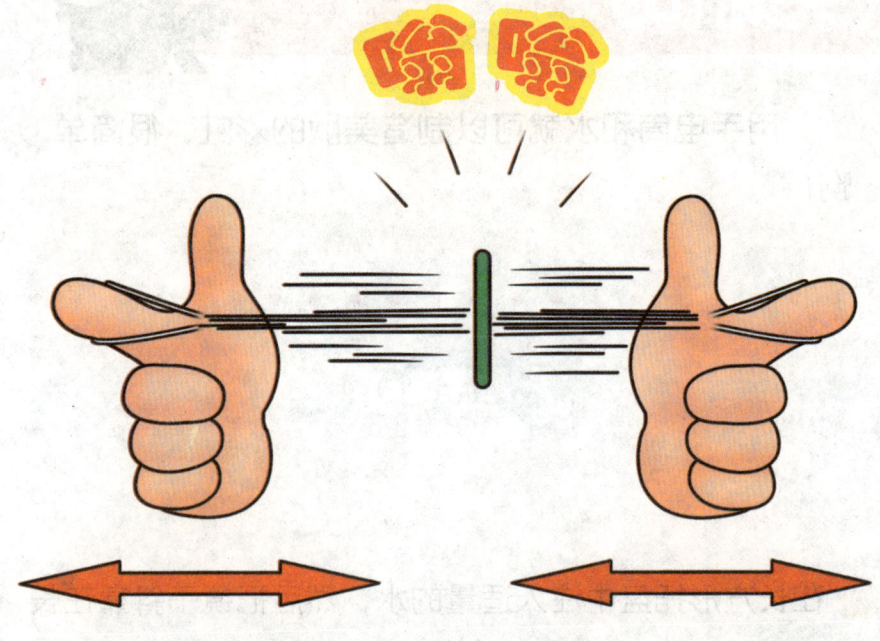

原来如此

纽扣的快速旋转带动了周围的空气振动,由此产生了"嗡嗡"的声音。

⟨ 变幻莫测的声与光 ⟩

No.26
美丽的彩虹

用手电筒和水就可以制造美丽的彩虹,很简单哟!

动手做

1 在长方形托盘中注入适量的水,然后把镜子斜靠在长方形托盘的一边。

〈 变幻莫测的声与光 〉

② 打开手电筒,照射镜子浸在水中的那一部分。

③ 把白纸放在镜子的前上方,让光刚好可以反射在白纸上。观察白纸,发现纸面上出现了一道彩虹,有红、橙、黄、绿、青、蓝、紫7种颜色。

< 变幻莫测的声与光 >

手电筒的光其实是由红、橙、黄、绿、青、蓝、紫7种不同颜色、不同波长的光组成的。当手电筒的光照射在镜子上时,被镜子反射。反射回来的光线原路返回,在穿过水层时又发生了折射现象。7种颜色的光在折射后,在不同的位置穿出水面并射到白纸上,从而形成一道美丽的彩虹。

⟨ 变幻莫测的声与光 ⟩

No.27 吹不出泡泡的肥皂水

你知道吗？只要加一点点特殊的东西，肥皂水就无法起泡了。

动手做

① 先用吸管蘸一下肥皂水，然后对着吸管吹气，可以看到吹出来许多肥皂泡泡。

〈 变幻莫测的声与光 〉

② 在肥皂水中滴入少许醋。

③ 用吸管搅拌均匀，然后再对着吸管吹气。你会发现，无论如何用力吹，肥皂水就是吹不出泡泡。

〈 变幻莫测的声与光 〉

原来如此

肥皂水具有较强的表面张力,所以能形成球状泡沫。在肥皂水里加醋后,肥皂水中的高级脂肪酸钠盐便被醋分解了,肥皂水的表面张力就会减弱,所以就无法吹出泡泡。

〈 变幻莫测的声与光 〉

No.28 不能相遇

试着做一做，看看你能否使两支铅笔尖碰在一起。

动手做

① 两手各拿一支铅笔，让笔尖相对，距离60厘米左右。

60cm 左右

< 变幻莫测的声与光 >

② 闭上一只眼睛,将两支铅笔尖慢慢向中间靠拢,试试能否使它们相碰。结果,两支笔尖总是错过,没有碰在一起。

③ 请你的朋友和你一起,两人各拿一支铅笔,两人都闭上一只眼睛,然后慢慢将笔尖靠拢,再试试能否使它们相碰。

〈 变幻莫测的声与光 〉

④ 结果，铅笔尖仍然会错过。

原来如此

你或者你的朋友闭上一只眼睛时，你们所熟悉的深度感没有了，也没有计算目标距离的双目视觉（两只眼睛看）。于是，像铅笔尖这样的小物体，就很容易错过。所以你们不能使笔尖相碰。

〈 变幻莫测的声与光 〉

No.29 会穿墙的玻璃球

瓶口被硬币堵住了,可是小玻璃球仿佛会穿墙术一般,依然坠入了瓶中。

动手做

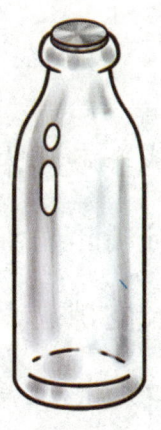

1. 准备一个玻璃瓶和玻璃球,在瓶口放置一枚大小合适的硬币。

2. 把一张A4纸卷成纸筒并用胶带黏合,按图中所示套在瓶口,随后,从纸筒顶端放入玻璃球。

〈 变幻莫测的声与光 〉

❸ 虽然瓶口盖着硬币，玻璃球却像变魔术一样，直接穿过硬币，落入瓶中。

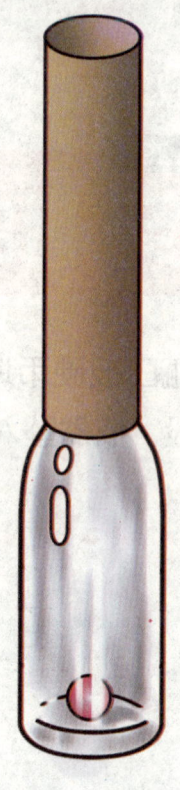

原来如此

玻璃球和硬币相撞时，它们都会弹起来再落下去。这时硬币与瓶口间会出现空隙，如果玻璃球刚好进入空隙，就会顺利地落入瓶中，硬币则再落回瓶口。把纸筒尽量做得长一些，让小球可以从更高的位置下落，这样玻璃球与硬币的碰撞力度将加大，提高实验的成功率。

⟨ 变幻莫测的声与光 ⟩

No.30 火眼金睛

一般人无法从信封外面看到信封里面的字，而你却能透视。

动手做

① 让同学用签字笔在白纸上写下几个字。

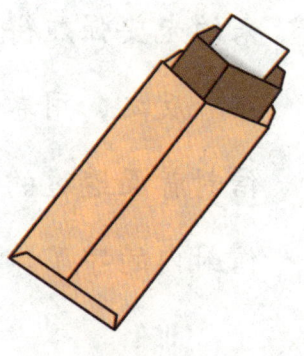

② 把信放进淡褐色的信封封好，然后再套一个白色信封。

〈 变幻莫测的声与光 〉

3 把挂历纸卷成10厘米左右的长筒，用它紧贴着信封看，就可以看到里面的字了。

原来如此

只有当光线从背面透过信封和信封内的纸时，我们才能看到里面的字。但是照在信封正面又反射入我们眼睛的光，比从信封背面透过来的光要强烈得多，所以我们就看不见信封里的字。反之，用卷筒挡住照在信封正面的光时，从信封背面透过的光就变得强烈，我们也就能看到信封内的字了。

〈 变幻莫测的声与光 〉

No.31 水里的光线会拐弯

光线也可以顺着流水的下落变成一道抛物线吗？快来做做这个神奇的实验吧。

动手做

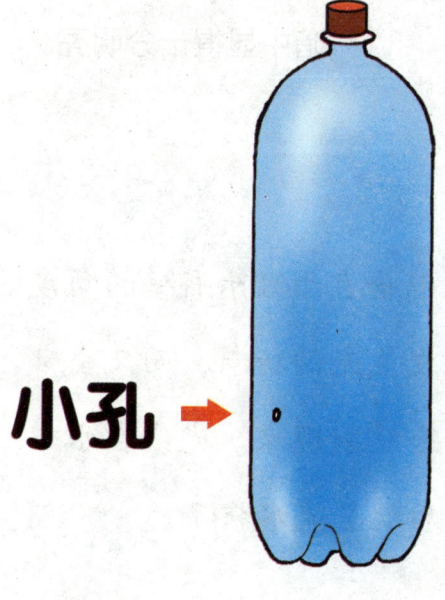

小孔 →

1. 在距大可乐瓶底部5厘米处挖一个小孔。用手指捂住小孔，将瓶中装满水，再盖上瓶盖，这样水就不会流出来。

〈 变幻莫测的声与光 〉

② 准备好手电筒，并关掉室内的电灯。随后，用手遮住手电筒的部分光源，让光束变得细长。

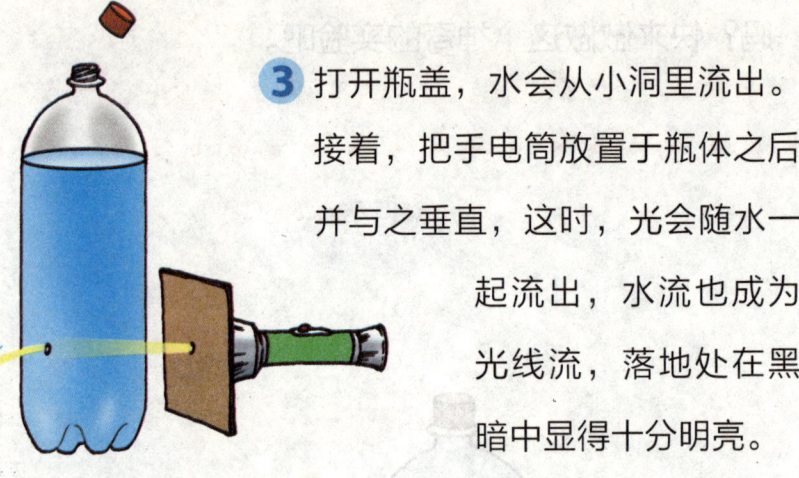

③ 打开瓶盖，水会从小洞里流出。接着，把手电筒放置于瓶体之后并与之垂直，这时，光会随水一起流出，水流也成为光线流，落地处在黑暗中显得十分明亮。

原来如此

手电筒的光以垂直于可乐瓶壁的角度通过瓶中的水时，不能发生光的折射，而又全部被反射回水中，形成了全反射现象。光线在水中不断进行着全反射，最后就呈流水状了。

⟨ 变幻莫测的声与光 ⟩

No.32
宣传单的呐喊

> 将宣传单折起来，用嘴吹，就可以发出惊人的声音。

动手做

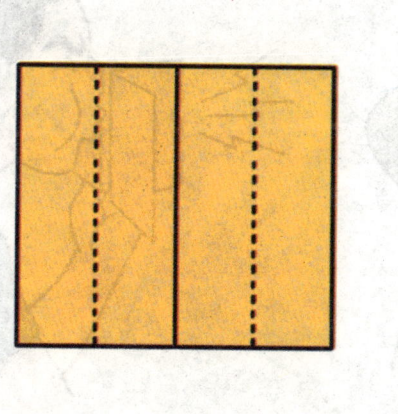
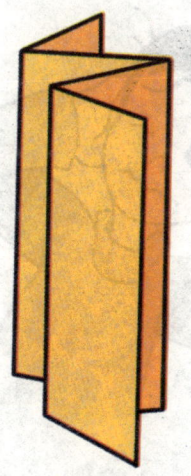

1 把超市发放的宣传单剪成20厘米长、15厘米宽的长方形纸片，将长边对折再对折，这就折成了4个部分。

〈 变幻莫测的声与光 〉

❷ 使中间的两部分凸起，与外侧的那两部分呈90度，将外侧的那两部分拼成一个水平面。在凸起部分剪出一个如图大小的洞，用食指和中指将做好的宣传单折页夹起来。

❸ 用嘴对着纸上的洞用力吹气，就会发出巨大的响声。

〈 变幻莫测的声与光 〉

注意 纸张在振动时发出的声音往往很刺耳,同学们千万不要在上课时做这种恶作剧哦。

原来如此

用力往洞里吹气,两张纸之间就会产生风而抖动起来。这种抖动会引起空气的振动,于是就发出了巨大的声音。

〈 变幻莫测的声与光 〉

No.33 音调高低的奥秘

一杯水可以演奏出不同的音调,动手试试吧。

动手做

① 准备3个相同的大可乐瓶和3个相同的玻璃杯。

⟨ 变幻莫测的声与光 ⟩

2 在大可乐瓶中装入不同水位的水，然后按水位由低到高向瓶中吹气，这时会听到瓶子发出低、中、高的声音。

3 往3个杯子中装入不同水位的水，按水位由低到高的顺序用筷子敲击杯壁，这时却会依次发出高、中、低的声音。

< 变幻莫测的声与光 >

原来如此

　　吹气时发出的声音，是由水面上方的空气产生共鸣所致的。当瓶中的空气所占空间较大时，会产生低音共鸣；空气所占空间较小时，会发生高音共鸣。因此，随着水位的增高，可以依次吹出低、中、高的音调。

　　而用筷子敲打杯子时，杯子整体振动导致了声音的产生，这种声音会与杯中的空气产生共鸣。当杯中的水较多时，杯子整体的振动变慢，因此音调比较低。相反，杯中的水较少时，音调就会比较高。随着杯中的水逐渐增多，敲击时就依次发出高、中、低的音调。

"搞怪"生物界

你见过常绿西红柿吗?你听说过种子"杀手"吗?水果也能当抹布?生物界也这么搞怪吗?不信,自己动手试试看!

< "搞怪"生物界 >

No.34
喝水的葡萄干

你能轻而易举地将葡萄干变成水灵灵的小葡萄吗?

动手做

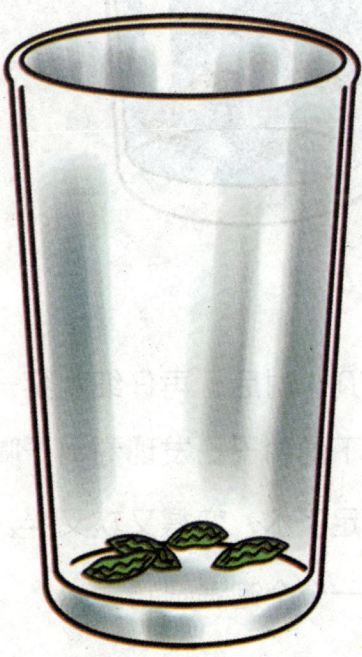

1. 仔细观察一下葡萄干,发现它们又干又皱,然后把葡萄干放入玻璃杯中。

< "搞怪"生物界 >

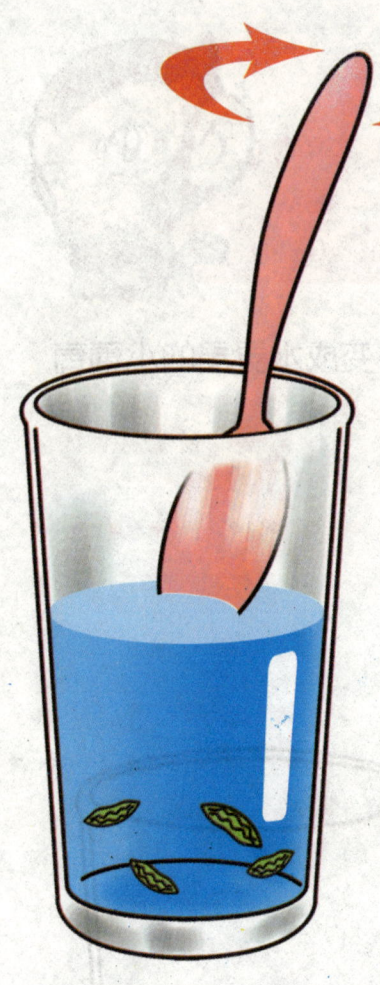

❷ 在玻璃杯中注入适量的水,让葡萄干浸在水里,并用汤匙搅拌搅拌。

❸ 几小时后,再仔细观察一下葡萄干。发现葡萄干喝足了水,变得又软又胖,一个个饱满圆润。

< "搞怪"生物界 >

原来如此

葡萄干是被晒干了的葡萄果实,水分都已蒸发。把葡萄干放入水中之后,水可以透过表皮进入葡萄干中。葡萄干吸水后就会慢慢膨胀,直到变成一颗颗圆滚滚、水灵灵的小葡萄。

⟨ "搞怪"生物界 ⟩

No.35
常绿西红柿

信不信,我们可以让一个西红柿保持长久的绿色!

动手做

① 在一株西红柿上找出一个长成的绿色西红柿。

〈"搞怪"生物界〉

2 拿一碗热水,把挑选好的西红柿放在水中浸泡三四分钟。

3 观察一段时间,等这株西红柿上其他果实全红的时候,你会发现这个被你浸泡过的西红柿仍然是绿色的。

< "搞怪"生物界 >

原来如此

西红柿会成熟是因为它含有酵素。酵素会产生乙烯气体,这种气体可以催熟西红柿。用热水浸泡西红柿,损坏了可以产生乙烯气体的酵素,这就阻止了西红柿的正常成熟。因此,被热水浸泡过的西红柿仍能保持长久的绿色。

〈 "搞怪"生物界 〉

No.36
切不断的纸

纸与苹果比起来,哪个更结实?别急着下结论,还是先动手做个实验,然后再判定吧!

动手做

① 把纸折一下,包住水果刀的刀刃。

< "搞怪"生物界 >

② 用被纸包住刀刃的水果刀切苹果,不要前后拉动,要采用下压的方式。

③ 你会发现苹果被切开了,而纸却是完好的。

< "搞怪"生物界 >

原来如此

水果刀刀刃的剖面呈楔状,所以手部下压时,力量传到了苹果上。而做纸用的纤维比苹果的纤维结实,更有韧性。所以苹果被切开了,但是纸不会被切断。

〈 "搞怪"生物界 〉

No.37 神奇的水果抹布

用水果当抹布,你听说过吗?其实,平常家里的一些放得太久而不能吃的蔬菜、水果都可以做,非常神奇。

动手做

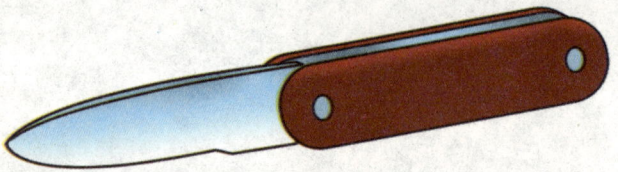

① 用水果刀切一片苹果。

〈"搞怪"生物界〉

❷ 用刚切好的苹果的新鲜切面对准油腻的盘子抹一抹。

❸ 盘子上面的油腻都消失了,太神奇了。

"搞怪"生物界

原来如此

苹果中含有果酸,特别是刚刚切好的苹果,其切片表面果酸的含量较多。用苹果切面在盘子上面抹,果酸会与盘子上的油腻物质发生化学反应,生成可溶于水的物质。于是,盘子上的油腻就被水果抹去了,盘子又光亮如新了。

< "搞怪"生物界 >

No.38 种子"杀手"

苹果片为什么会阻止其他植物种子的发芽呢？想知道原理，那就耐心地做下面这个实验吧！

动手做

① 在盘子上面铺一层脱脂棉，并用喷壶在脱脂棉上洒一些水。

< "搞怪"生物界 >

2 然后把一片苹果放在脱脂棉上，苹果切面朝上。在脱脂棉上和苹果切面上均匀地撒几粒绿豆。

3 在盘子上套一个透明塑料袋，然后把盘子轻轻地端起来，放到阳光充足的阳台上。

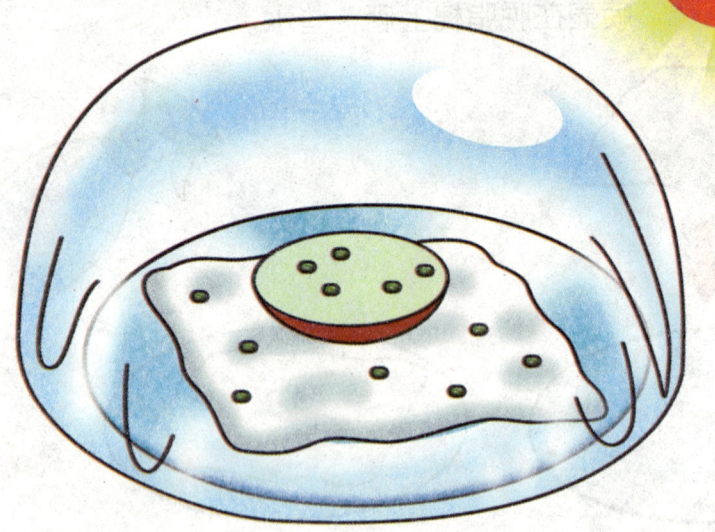

< "搞怪"生物界 >

4 几天之后,你会发现脱脂棉上的绿豆发芽了,慢慢地长成一株株绿色的幼苗,而苹果片上的绿豆却没有长出幼苗。

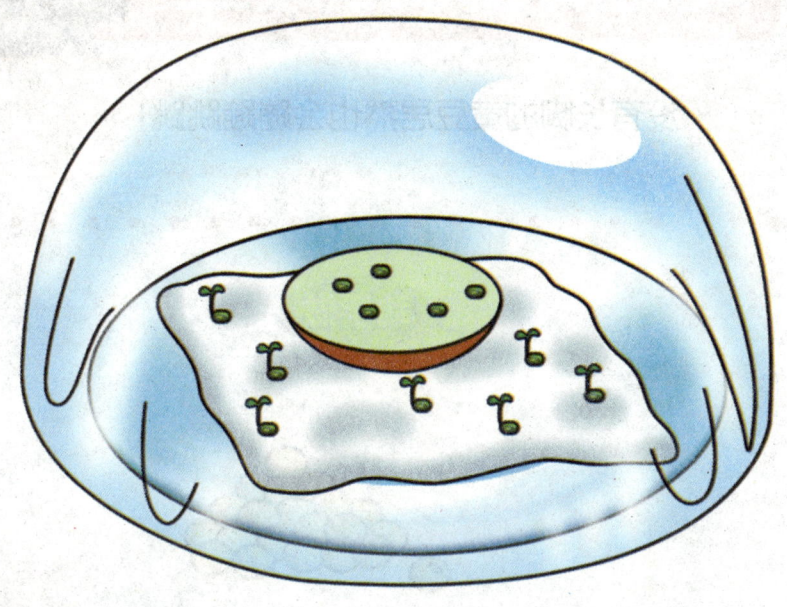

原来如此

很多水果(如苹果)的果肉中含有一些阻碍种子萌芽的物质。这些物质会抑制种子发芽。只有当水果果肉完全腐烂后,果肉中的抑制剂才会失去作用。

〈"搞怪"生物界〉

No.39 蹦蹦跳跳的黄豆

没有长脚的黄豆居然也会蹦蹦跳跳！

动手做

① 在玻璃杯中装满黄豆。

< "搞怪"生物界 >

② 然后将玻璃杯放在盘子上。

③ 慢慢往杯子里倒水,要尽可能地多,但注意不要让水溢到杯外。

< "搞怪"生物界 >

4 几个星期以后,发现黄豆一个接一个地蹦出了玻璃杯,落到了盘子上。

原来如此

向玻璃杯中注水之后,玻璃杯中的黄豆吸足了水分,体积不断膨胀。因此,杯中下面的黄豆就不断向上挤压,而上面的黄豆最终被挤出了玻璃杯。

〈 "搞怪"生物界 〉

No.40
蛋壳生根

鸡蛋壳竟然能生根,这是怎么回事?一起去看看吧!

动手做

① 把太阳花种子放在一个玻璃杯中,然后向玻璃杯中注入适量的水,让种子浸泡一夜。

< "搞怪"生物界 >

② 第二天，把太阳花种子从玻璃杯中滤出，放在一边备用。在蛋壳中加入一半比较湿润的土壤，然后把太阳花种子埋进土里。

③ 把玻璃杯中的水倒掉，然后把蛋壳小心地立放在玻璃杯中。把玻璃杯放在阳光充足的阳台上，每天向土壤中浇少量的水。

〈 "搞怪"生物界 〉

④ 5天后,把蛋壳从玻璃杯中取出来,此时,你会发现太阳花的根从蛋壳底部钻了出来。

< "搞怪"生物界 >

原来如此

　　太阳花的种子在湿润的土壤中发芽，生出了胚根。生出胚根之后，太阳花幼苗就在土壤中吸收水分和营养。慢慢的，茁壮成长的胚根就从蛋壳中穿透出来，看起来好像是蛋壳生了根一样。

折磨折磨自己

手臂能变短，脊椎会变长？这是怎么回事呢？做做小实验折磨一下自己吧，亲身体验一下科学到底是怎么回事儿！

〈 折磨折磨自己 〉

No.41
书写错误

明明是按顺序写的字,为什么写出来的字顺序却相反呢,而且方向也改变了。来看看下面的实验吧!

动手做

① 将卡片放在你的前额上,按照你正常的书写习惯,在卡片上面凭感觉从左到右写下几个字。

< 折磨折磨自己 >

❷ 放下卡片，检查你写的字，结果，发现这几个字与你想写的恰恰相反。

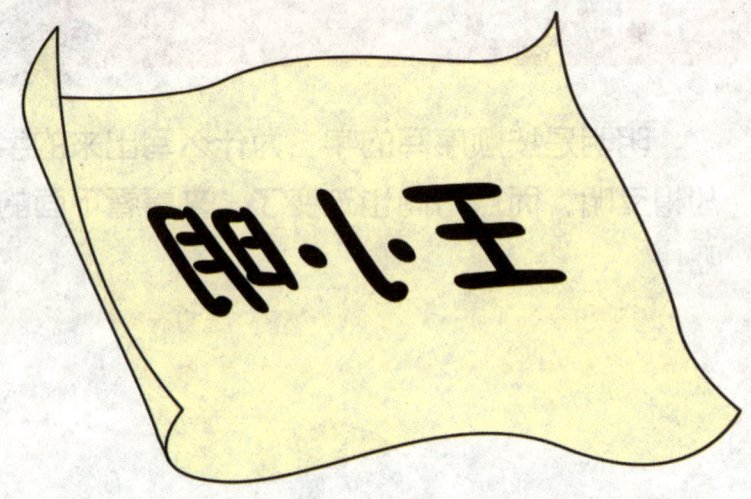

原来如此

将纸放在前额时，头脑中支配左右肢体的感觉器可能发生混乱。你在混乱的"肢体指挥中心"的调控下，依照错误的感觉，不由自主地写下了左右顺序和方向完全颠倒的字。

〈 折磨折磨自己 〉

No.42
手臂变短

双臂向前伸，然后单手做激烈的屈伸运动，你会发现手臂突然短了好几厘米。

动手做

① 请你把双手水平前伸，两条手臂的长度是一样的。

< 折磨折磨自己 >

2 请你保持一手水平前伸，另一手做30次左右的手臂屈伸运动，注意手臂要保持水平，动作幅度略为激烈。

3 双臂回到前伸的状态，你会发现，做过运动的那只手臂突然短了好几厘米。

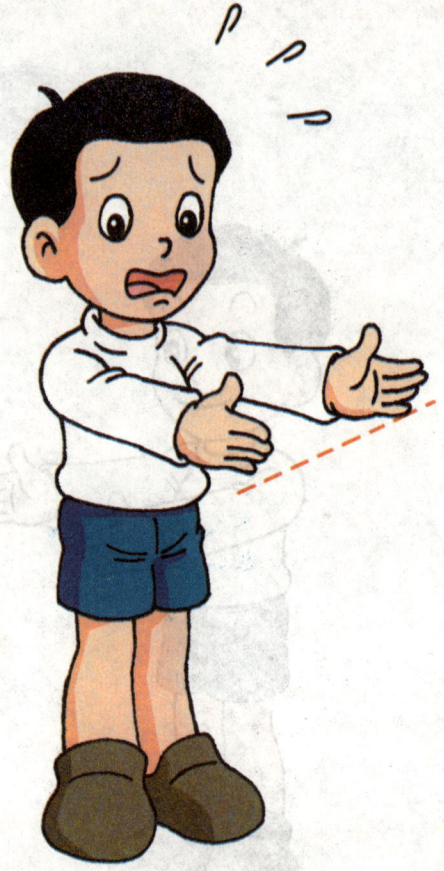

〈 折磨折磨自己 〉

原来如此

人体的关节部位或多或少都有一些空隙。手臂是由肌肉和韧带来连接的，进行了激烈的屈伸运动之后，肌肉和韧带会产生暂时性的收缩，关节处的空隙也会暂时缩小，所以手臂就变短了。不过别担心，过一会儿，手臂就会恢复到原来的长度了。

⟨ 折磨折磨自己 ⟩

No.43 脊椎变长

向前弯腰时，有的孩子身体僵硬，很难用手碰到地板。这时只要让孩子一边吸气一边练习，就能成功。

动手做

① 请你双脚并拢，膝盖伸直，身体向前倾，双手和头部朝地板下压。

〈 折磨折磨自己 〉

❷ 如果你可以轻易地用手触到地板，这个游戏就可以停止了。假如你双手离地还有20厘米左右，就请你一边弯腰，一边大口吸气、呼气，一次、两次、三次……

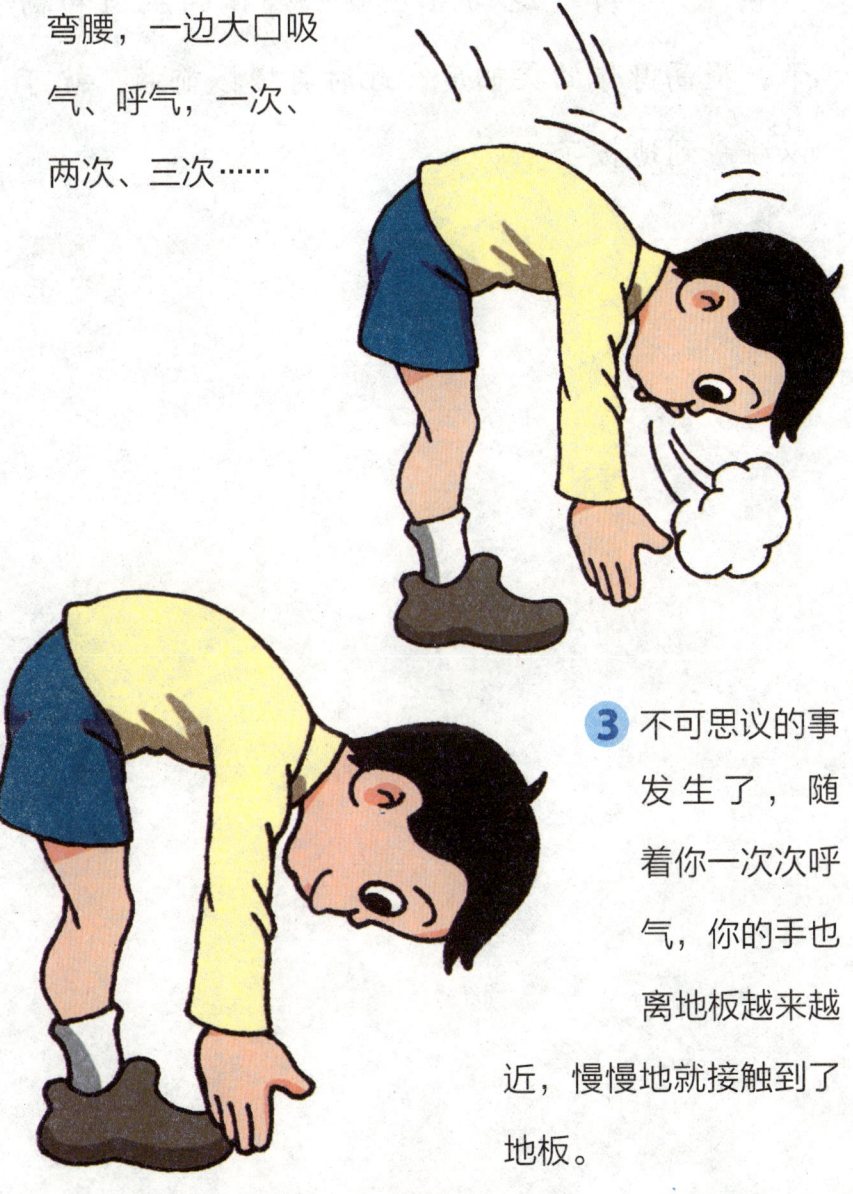

❸ 不可思议的事发生了，随着你一次次呼气，你的手也离地板越来越近，慢慢地就接触到了地板。

< 折磨折磨自己 >

原来如此

呼气运动可以放松身体的肌肉和韧带，提高身体的柔韧度，此时再慢慢前倾，就可以碰触到地板了。

⟨ 折磨折磨自己 ⟩

No.44 换手做做看

左右手分别做不同的动作很容易，可要突然"换手做做看"却有困难。

动手做

① 请你右手握拳敲桌子，左手手掌摩擦桌面。

〈 折磨折磨自己 〉

❷ "来,把左手和右手的动作互换一下。"
请你换手做做看。

❸ 听到要求换动作的指令时,大部分孩子的两只手都会同时敲桌子或摩擦桌子。

< 折磨折磨自己 >

原来如此

我们的左右手习惯于做相同的动作。当你的右手敲着桌子、左手摩擦着桌子时，突然要你换动作，你会不知所措，结果往往变成双手同时敲桌子或者同时摩擦桌子。但只要练习多次，就可以顺利地换手做了。

< 折磨折磨自己 >

No.45
瓶中的气球

把一个气球吹起来是一件很简单的事,如果把气球套在一个玻璃瓶口,你还能吹起它吗?

动手做

❶ 将一只气球塞进空瓶,并把气球绷在瓶口上。

❷ 用力往气球中吹气,却发现怎么也不能把气球吹起来。

< 折磨折磨自己 >

3 把气球从瓶口移开一点，然后把一根吸管插入瓶口，这时气球就可以被吹起来了。

注意 尽量选择较为坚硬的吸管，以防气球膨胀把吸管中的空隙堵住。

原来如此

当气球把瓶口密封住时，瓶内形成一个密闭的空间，气球若想膨胀就必须排出相同体积的空气，所以就无法被吹起来。当插入吸管后，空气就会从管中跑出，为膨胀的气球空出位置，也就可以吹起来了。

图书在版编目(CIP)数据

科学到底是怎么回事儿 / 曹外香主编. —天津：天津科学技术出版社，2012.3（2019.6重印）

ISBN 978-7-5308-6887-4

Ⅰ.①科… Ⅱ.①曹… Ⅲ.①科学知识-青年读物②科学知识-少年读物 Ⅳ.①2228.2

中国版本图书馆CIP数据核字（2012）第051071号

科学到底是怎么回事儿
KEXUE DAODI SHI ZENME HUISHIER

责任编辑：郑 新

出　　版：	天津出版传媒集团 天津科学技术出版社
地　　址：	天津市西康路35号
邮　　编：	300051
电　　话：	（022）23332674
网　　址：	www.tjkjcbs.com.cn
发　　行：	新华书店经销
印　　刷：	三河市燕春印务有限公司

开本 700×1000mm 1/16　印张 9　字数 150 000
2019年6月第1版第3次印刷
定价：29.80元